Impressum
Verlag: BABADADA GmbH, Nedderfeld 112 , 22529 Hamburg
Geschäftsführer / Verlagsleitung: Harald Hof
Druck: Books on Demand GmbH, In de Tarpen 42, 22848 Norderstedt

Imprint
Publisher: BABADADA GmbH, Nedderfeld 112 , 22529 Hamburg, Germany
Managing Director / Publishing direction: Harald Hof
Print: Books on Demand GmbH, In de Tarpen 42, 22848 Norderstedt

colegio
škola

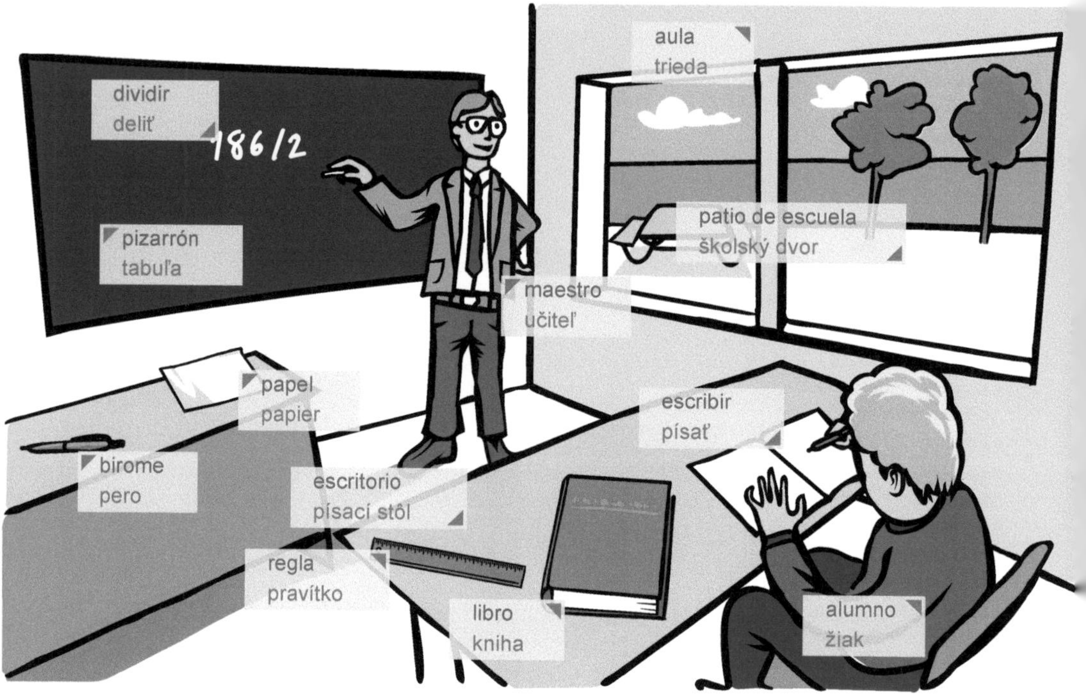

dividir
deliť
186/2
pizarrón
tabuľa
aula
trieda
patio de escuela
školský dvor
maestro
učiteľ
papel
papier
escribir
písať
birome
pero
escritorio
písací stôl
regla
pravítko
libro
kniha
alumno
žiak

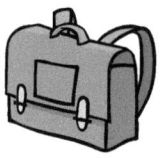

mochila

školská taška

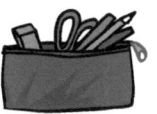

caja de lápices

peračník

lápiz

ceruza

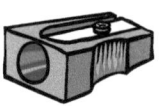

sacapuntas

strúhadlo na ceruzky

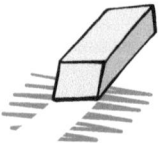

goma (de borrar)

guma

bloc de dibujo

skicár

dibujo
kresba

pincel
štetec

caja de pinturas
vodové farby

tijera
nožnice

pegamento
lepidlo

cuaderno de ejercicios
cvičný zošit

tarea
domáca úloha

número
číslo

2+2

sumar
sčítať

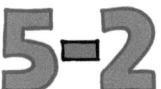

restar
odčítať

2x2

multiplicar
násobiť

calcular
počítať

A

letra
písmeno

ABCDEFG
HIJKLMN
OPQRSTU
VWXYZ

abecedario
abeceda

hello

palabra
slovo

texto

text

leer

čítať

tiza

krieda

lección

hodina

cuaderno de clase

triedna kniha

examen

skúška

certificado

certifikát

uniforme escolar

školská uniforma

educación

vzdelanie

enciclopedia

encyklopédia

universidad

univerzita

microscopio

mikroskop

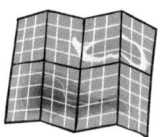

mapa

mapa

tacho (de basura)

kôš na papier

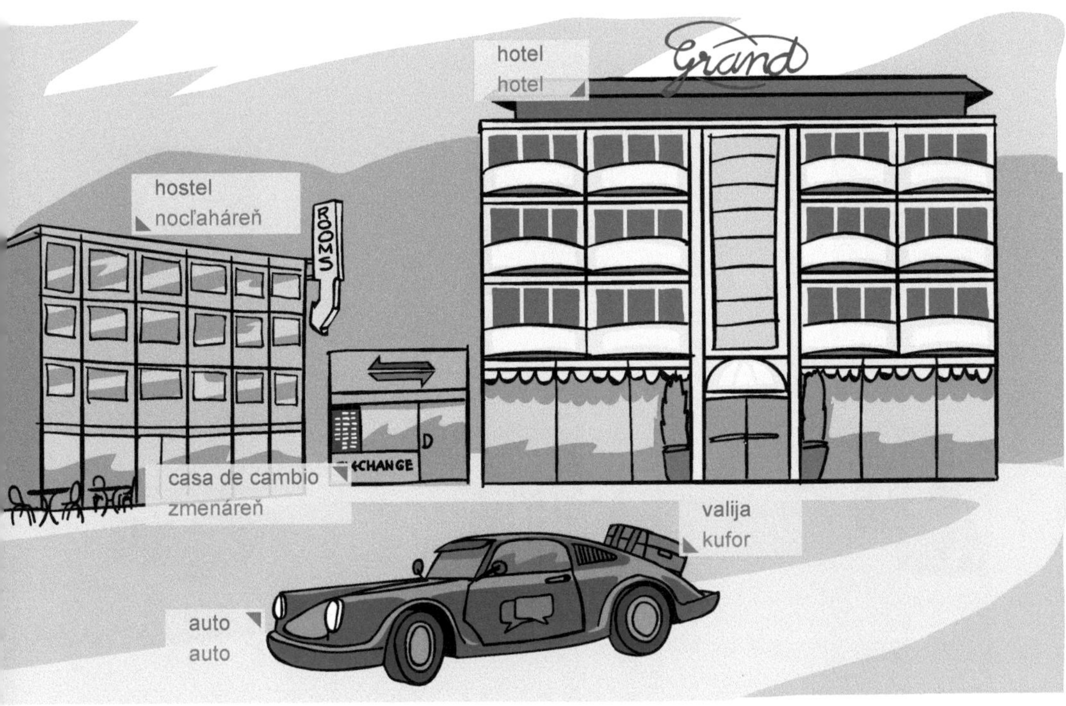

hotel
hotel
Grand
hostel
nocľaháreň
ROOMS
EXCHANGE
casa de cambio
zmenáreň
valija
kufor
auto
auto

idioma

jazyk

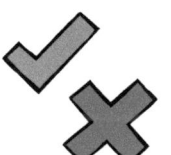

sí / no

áno/nie

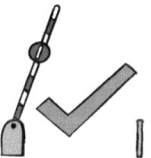

Está bien

v poriadku

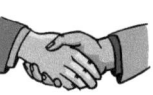

hola

ahoj

traductor

prekladateľ

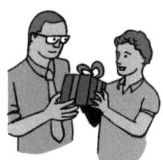

Gracias

ďakujem

¿cuánto cuesta…?

Koľko stojí … ?

No entiendo

Nerozumiem

problema

problém

¡Buenas tardes!

Dobrý večer!

¡Buenos días!

Dobré ráno!

¡Buenas noches!

Dobrú noc!

adiós

Dovidenia

dirección

smer

equipaje

batožina

bolso

taška

mochila

batoh

invitado

hosť

habitación

izba

bolsa de dormir

spacák

carpa

stan

información turística

informácie pre turistov

playa

pláž

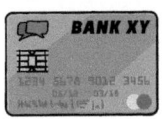

tarjeta de crédito

kreditná karta

desayuno

raňajky

almuerzo

obed

cena

večera

pasaje

cestovný lístok

ascensor

výťah

sello

poštová známka

frontera

hranica

aduana

clo

embajada

veľvyslanectvo

visa

vízum

pasaporte

cestovný pas

viaje - cesta

transporte
doprava

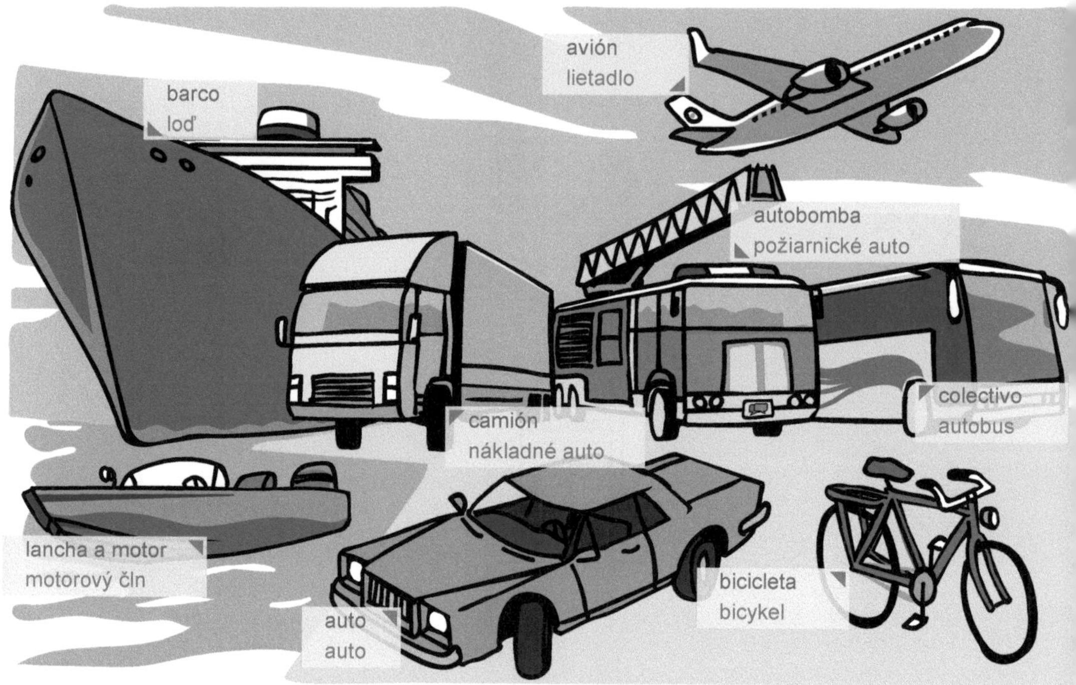
avión
lietadlo
barco
loď
autobomba
požiarnické auto
colectivo
autobus
camión
nákladné auto
lancha a motor
motorový čln
bicicleta
bicykel
auto
auto

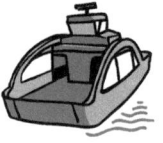

ferry
trajekt

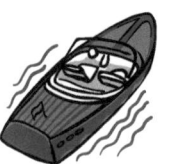

bote
loď

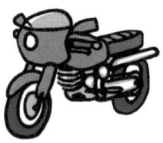

moto
motorka

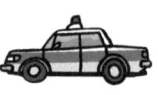

patrullero
policajné auto

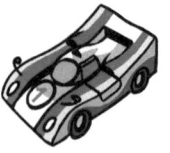

auto de carreras
pretekárske auto

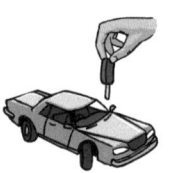

auto de alquiler
vozidlo z požičovne

alquiler de autos

carsharing

grúa

odťahové auto

camión de basura

smetiarske auto

motor

motor

nafta

benzín

estación de servicio

čerpacia stanica

señal de tránsito

dopravná značka

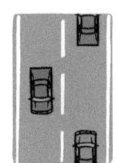

tránsito

premávka

embotellamiento

zápcha

estacionamiento

parkovisko

estación de tren

vlaková stanica

vías

trate

tren

vlak

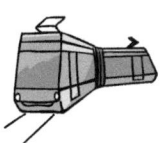

tranvía

električka

vagón

vagón

helicóptero
helikoptéra

aeropuerto
letisko

torre
veža

pasajero
pasažier

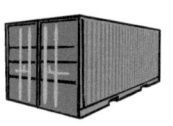

contenedor
kontajner

caja de cartón
kartón

carretilla
vozík

canasta
kôš

despegar / aterrizar
štartovať / pristáť

ciudad

mesto

pueblo
dedina

centro de ciudad
centrum mesta

casa
dom

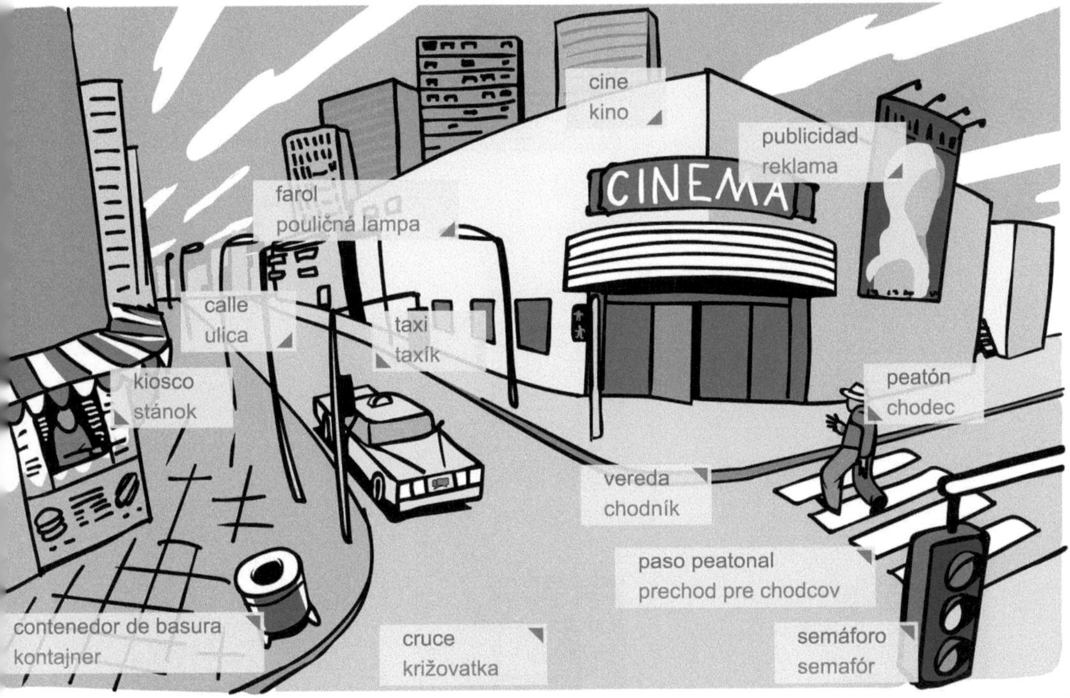

cine
kino

publicidad
reklama

farol
pouličná lampa

calle
ulica

taxi
taxík

kiosco
stánok

peatón
chodec

vereda
chodník

paso peatonal
prechod pre chodcov

contenedor de basura
kontajner

cruce
križovatka

semáforo
semafór

cabaña
chata

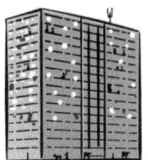

departamento
byt

estación de tren
vlaková stanica

municipalidad
radnica

museo
múzeum

colegio
škola

universidad

univerzita

banco

banka

hospital

nemocnica

hotel

hotel

farmacia

lekáreň

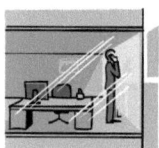

oficina

kancelária

librería

kníhkupectvo

negocio

obchod

florería

kvetinárstvo

supermercado

supermarket

mercado

trh

grandes tiendas

obchodný dom

pescadería

obchodník s rybami

centro comercial

nákupné stredisko

puerto

prístav

parque

park

banco

lavička

puente

most

escaleras

schody

subte

metro

túnel

tunel

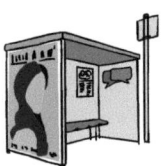

parada del colectivo

autobusová zastávka

bar

bar

restaurante

reštaurácia

buzón

poštová schránka

letrero

tabuľa s názvom ulice

parquímetro

parkovacie hodiny

zoológico

ZOO

pileta

plaváreň

mezquita

mešita

ciudad - mesto

granja
farma

contaminación
znečisťovanie životného prostredia

cementerio
cintorín

iglesia
kostol

juegos infantiles
ihrisko

templo
chrám

paisaje
terén

hoja
list

poste indicador
smerová tabuľa

camino
cesta

pradera
lúka

piedra
kameň

árbol
strom

excursionista
turista

río
rieka

hierba
tráva

flor
kvet

valle
dolina

montaña
kopec

lago
jazero

bosque
les

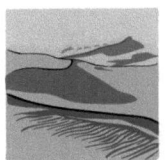

desierto
púšť

volcán
vulkán

castillo
zámok

arco iris
dúha

champiñón
hríb

palmera
palma

mosquito
komár

mosca
mucha

hormiga
mravec

abeja
včela

araña
pavúk

escarabajo

chrobák

rana

žaba

ardilla

veverička

erizo

jež

liebre

zajac

lechuza

sova

pájaro

vták

cisne

labuť

jabalí

diviak

ciervo

jeleň

alce

los

presa

hrádza

aerogenerador

veterná turbína

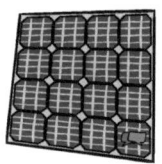

panel solar

solárny panel

clima

podnebie

restaurante
reštaurácia

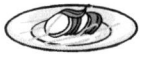

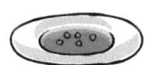

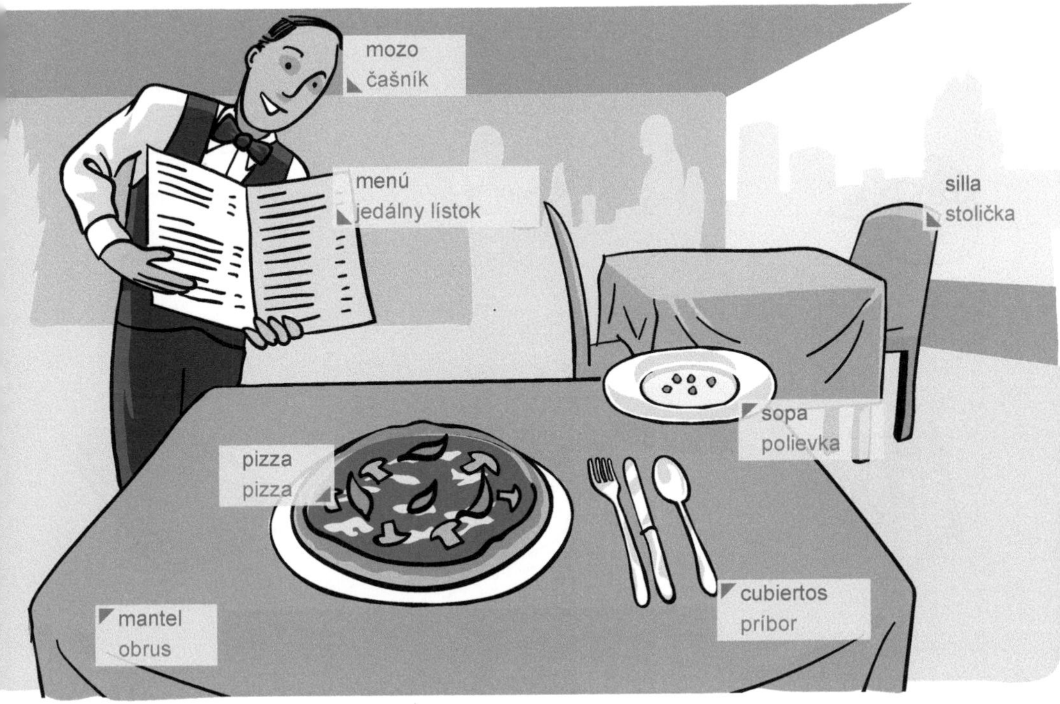
mozo
čašník
menú
jedálny lístok
silla
stolička
sopa
polievka
pizza
pizza
cubiertos
príbor
mantel
obrus

entrada
predjedlo

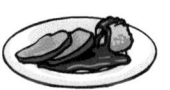

plato principal
hlavné jedlo

postre
zákusok

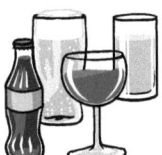

bebidas
nápoje

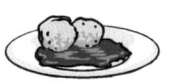

comida
jedlo

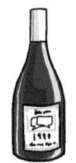

botella
fľaša

comida rápida

fast-food

comida callejera

street food

tetera

kanvica na čaj

azucarera

cukornička

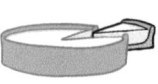

porción

porcia

cafetera expreso

stroj na espresso

sillita alta

detská stolička

cuenta

účet

bandeja

podnos

cuchillo

nôž

tenedor

vidlička

cuchara

lyžica

cucharita

čajová lyžička

servilleta

obrúsok

vaso

pohár

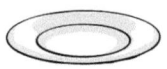

plato

tanier

plato hondo

hlboký tanier

plato

podšálka

salsa

omáčka

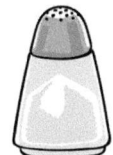

salero

soľnička

molinillo de pimienta

mlynček na korenie

vinagre

ocot

aceite

olej

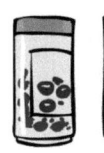

especias

korenie

kétchup

kečup

mostaza

horčica

mayonesa

majonéza

supermercado

supermarket

oferta especial
špeciálna ponuka
FOR
cliente
klient
lácteos
mliečne výrobky
fruta
ovocie
changuito
nákupný vozík

BUTCHERS

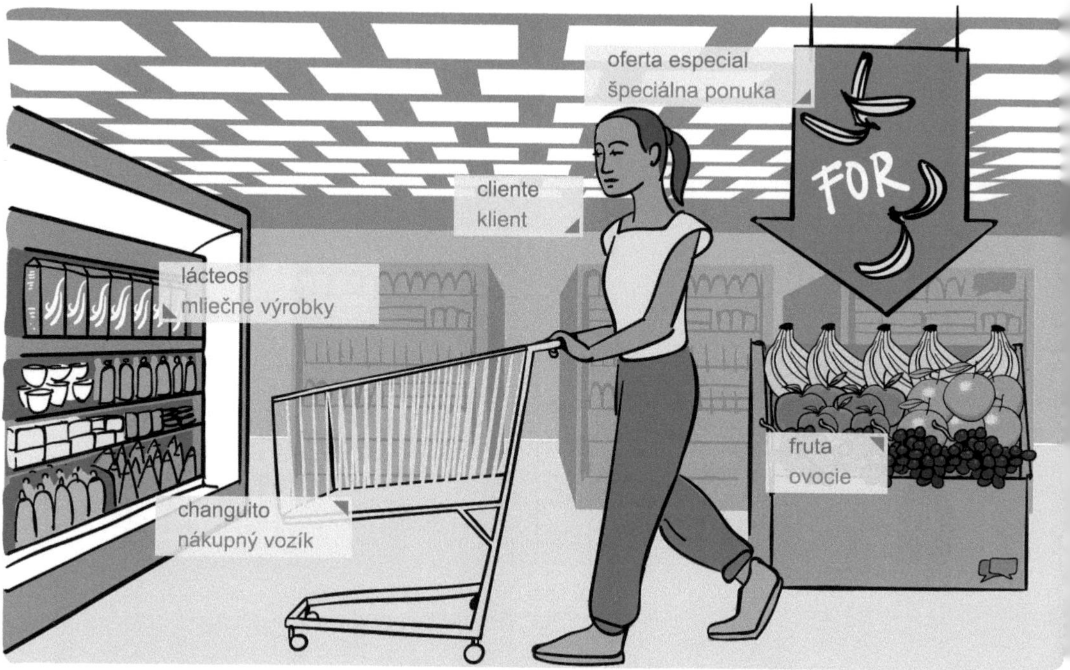

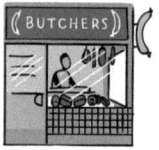

carnicería

mäsiarstvo

BAKERY

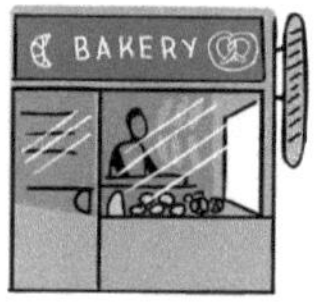

panadería

pekáreň

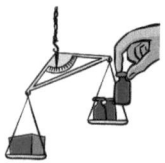

pesar

vážiť

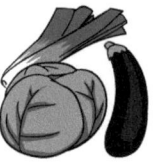

verduras

zelenina

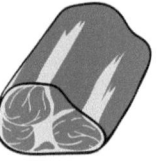

carne

mäso

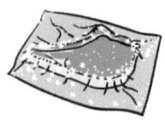

alimentos congelados

mrazené potraviny

fiambres

nárez

alimentos enlatados

konzervy

detergente en polvo

prací prostriedok

golosinas

sladkosti

electrodomésticos

domáce potreby

productos de limpieza

čistiace prostriedky

vendedora

predavačka

caja

pokladňa

cajero

pokladník

lista de compras

nákupný zoznam

horario de atención

otváracie hodiny

billetera

peňaženka

tarjeta de crédito

kreditná karta

cartera

taška

bolsa de plástico

plastové vrecko

agua

voda

jugo

džús

leche

mlieko

bebida cola

kola

vino

víno

cerveza

pivo

alcohol

alkohol

cacao

kakao

té

čaj

café

káva

café expreso

espresso

cappuccino

kapučíno

banana

banán

manzana

jablko

naranja

pomaranč

melón

melón

limón

citrón

zanahoria

mrkva

ajo

cesnak

bambú

bambus

cebolla

cibuľa

champiñón

hríb

nueces

orechy

fideos

rezance

tallarines

špagety

arroz

ryža

ensalada

šalát

papas fritas

hranolky

papas fritas

pečené zemiaky

pizza

pizza

hamburguesa

hamburger

sándwich

obložený chlebík

churrasco

rezeň

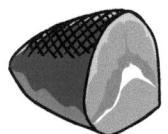

jamón

šunka

salame

saláma

salchicha

klobása

pollo

kurča

asado

pečené mäso

pescado

ryba

comida - jedlo

copos de avena

ovsené vločky

muesli

müsli

copos de maíz

kukuričné lupienky

harina

múka

medialuna

croissant

pancito

pečivo

pan

chlieb

tostada

hrianka

galletitas

sušienky

manteca

maslo

cuajada

tvaroh

torta

koláč

huevo

vajce

huevo frito

volské oko

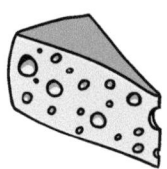

queso

syr

helado
zmrzlina

azúcar
cukor

miel
med

mermelada
lekvár

pasta de chocolate
nugátová nátierka

curry
karí korenie

granja
farma

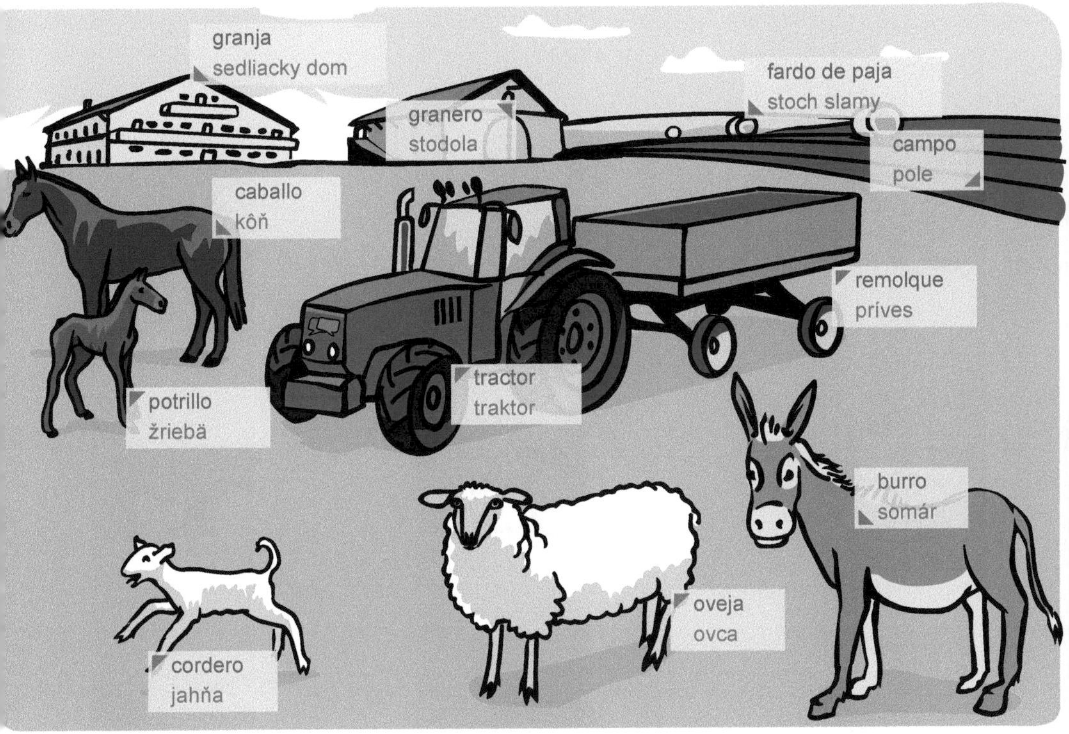
granja
sedliacky dom
granero
stodola
fardo de paja
stoch slamy
campo
pole
caballo
kôň
remolque
príves
potrillo
žriebä
tractor
traktor
burro
somár
oveja
ovca
cordero
jahňa

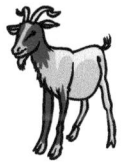

cabra

koza

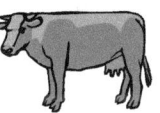

vaca

krava

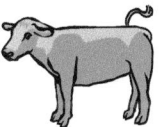

ternero

teľa

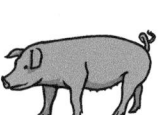

cerdo

prasa

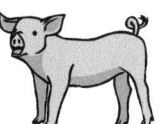

lechón

prasiatko

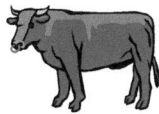

toro

býk

ganso

hus

pato

kačica

pollo

kuriatko

gallina

sliepka

gallo

kohút

rata

potkan

gato

mačka

ratón

myš

buey

vôl

perro

pes

cucha

psia búda

manguera

záhradná hadica

regadera

krhla

guadaña

kosa

arado

pluh

hoz

kosák

azada

motyka

horquilla

vidly na hnoj

hacha

sekera

carretilla

fúrik

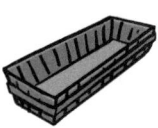

abrevadero

koryto

lechera

kanva na mlieko

bolsa

vrece

reja

plot

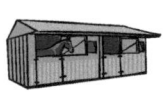

establo

maštaľ

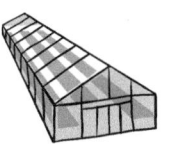

invernadero

skleník

suelo

pôda

semilla

osivo

fertilizador

hnojivo

cosechadora

kombajn

granja - farma

cosechar

žať

cosecha

žatva

batatas

batát

trigo

pšenica

soja

sója

papa

zemiak

maíz

kukurica

semilla de colza

repka

árbol frutal

ovocný strom

mandioca

maniok

cereales

obilie

casa
dom

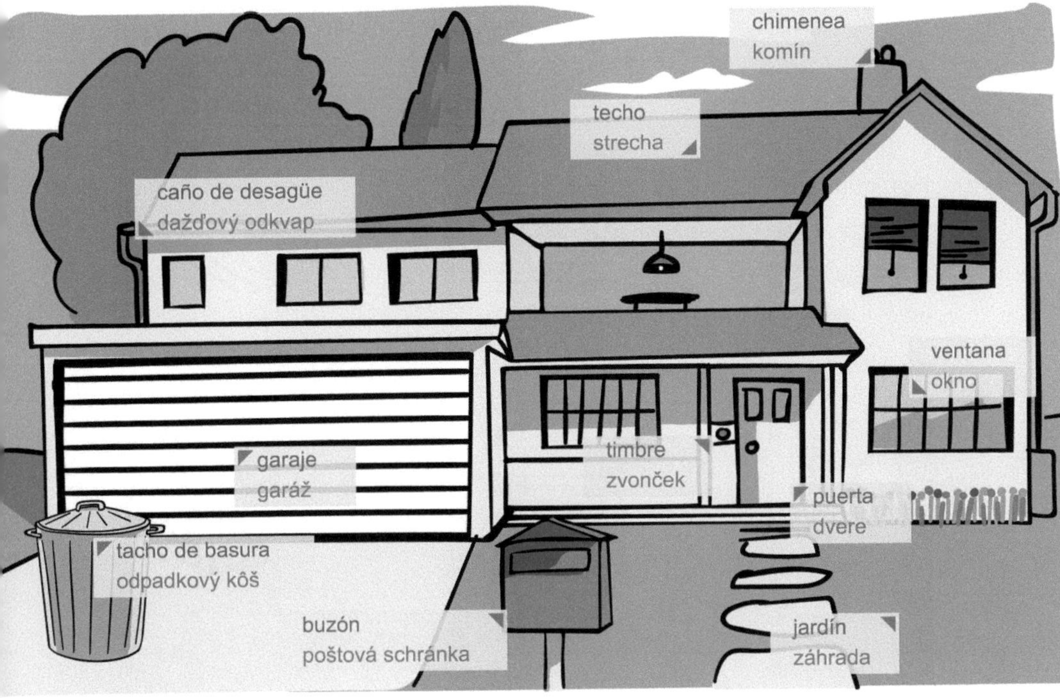
chimenea
komín
techo
strecha
caño de desagüe
dažďový odkvap
ventana
okno
garaje
garáž
timbre
zvonček
puerta
dvere
tacho de basura
odpadkový kôš
buzón
poštová schránka
jardín
záhrada

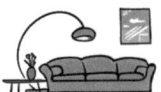

living
....
obývačka

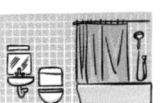

baño
....
kúpeľňa

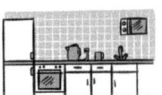

cocina
....
kuchyňa

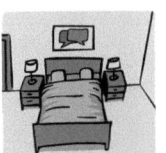

dormitorio
....
spálňa

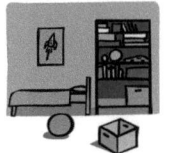

cuarto de los chicos
....
detská izba

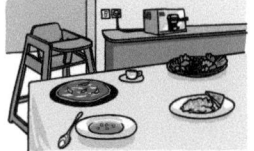

comedor
....
jedáleň

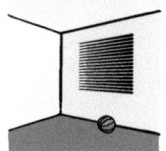

piso
podlaha

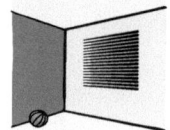

pared
stena

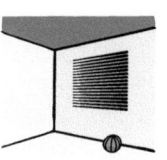

cielorraso
strop

sótano
pivnica

sauna
sauna

balcón
balkón

terraza
terasa

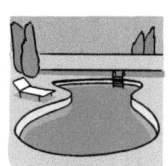

pileta
bazén

cortadora de pasto
kosačka

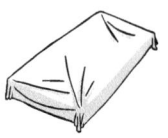

sábana
obliečka

acolchado
posteľná prikrývka

cama
posteľ

escoba
metla

balde
vedro

interruptor
vypínač

living
obývačka

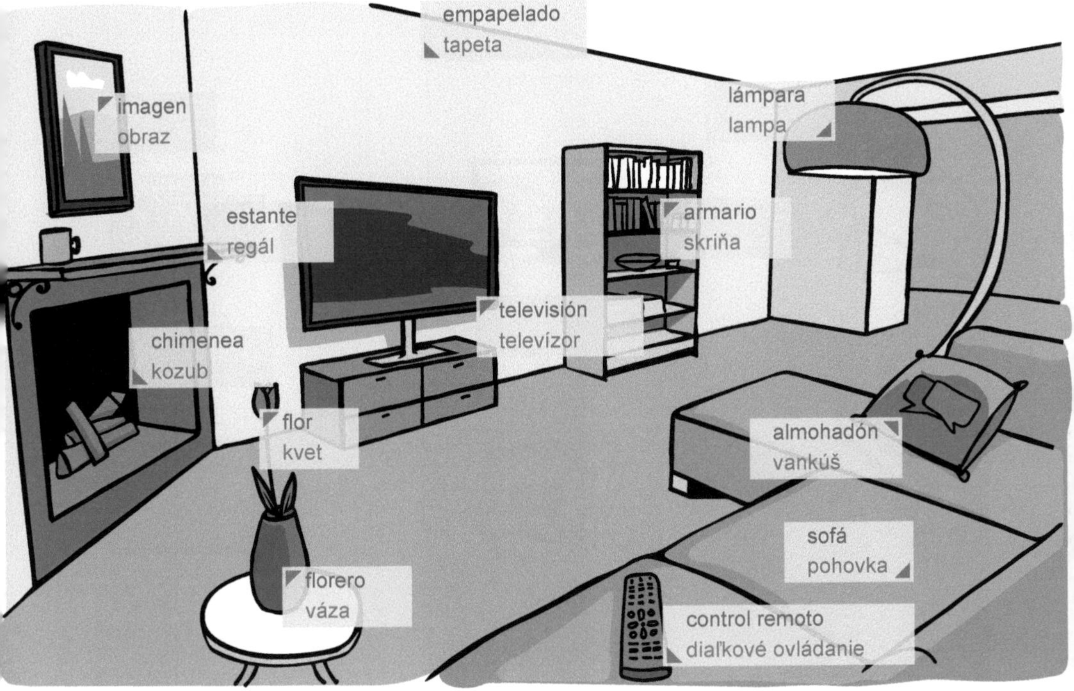

empapelado
tapeta
imagen
obraz
lámpara
lampa
estante
regál
armario
skriňa
televisión
televízor
chimenea
kozub
flor
kvet
almohadón
vankúš
sofá
pohovka
florero
váza
control remoto
diaľkové ovládanie

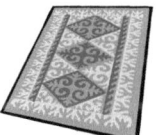

alfombra

koberec

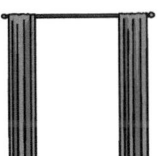

cortina

záclona

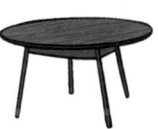

mesa

stôl

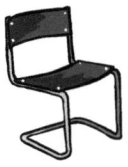

silla

stolička

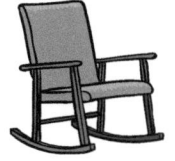

mecedora

hojdacie kreslo

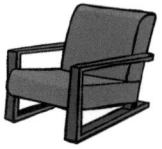

sillón

kreslo

libro
kniha

frazada
prikrývka

decoración
dekorácia

leña
drevo na kúrenie

película
film

equipo de música
hi-fi veža

llave
kľúč

diario
noviny

pintura
maľba

póster
plagát

radio
rádio

cuaderno
zápisník

aspiradora
vysávač

cactus
kaktus

vela
sviečka

cocina
kuchyňa

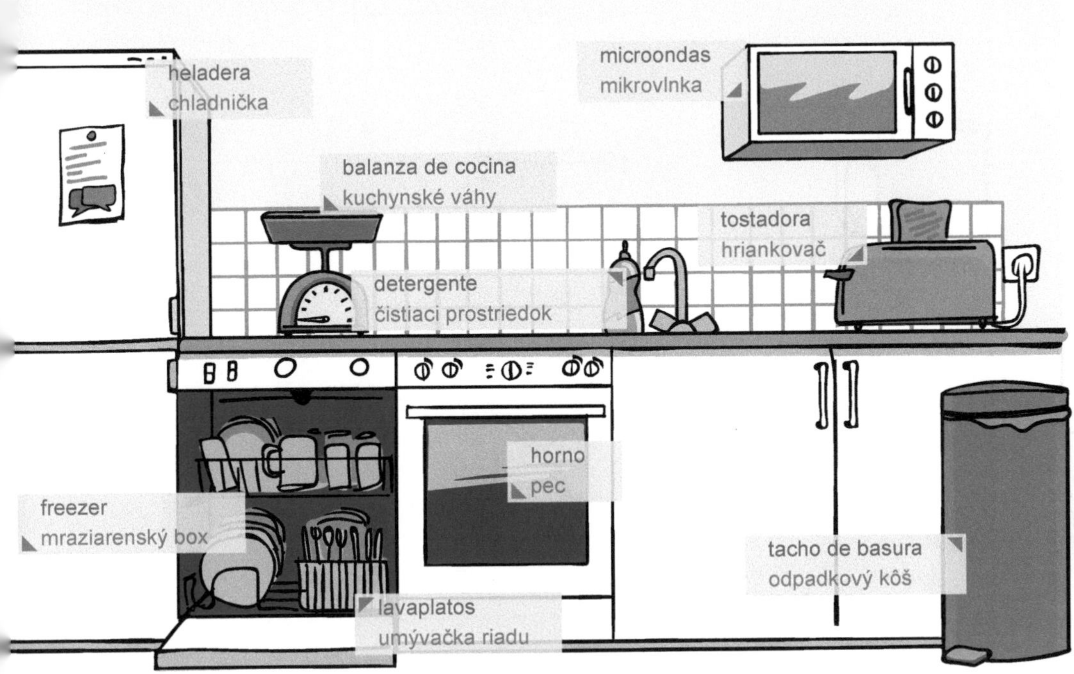
heladera
chladnička
microondas
mikrovlnka
balanza de cocina
kuchynské váhy
tostadora
hriankovač
detergente
čistiaci prostriedok
horno
pec
freezer
mraziarenský box
tacho de basura
odpadkový kôš
lavaplatos
umývačka riadu

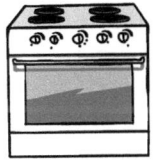

cocina
sporák

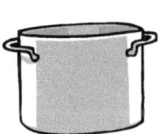

olla
hrniec

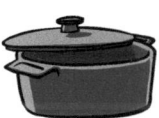

olla de hierro fundido
železný hrniec

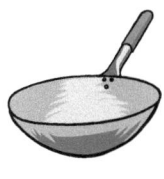

wok
wok / kadai

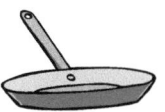

sartén
panvica

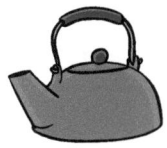

pava
rýchlovarná kanvica

vaporera

parný hrniec

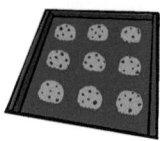

bandeja de horno

plech na pečenie

vajilla

riad

taza

pohár

bol

misa

palitos

paličky

cucharón

naberačka na polievku

estpátula

stierka

batidora

metlička

colador

cedidlo

colador

sitko

rallador

strúhadlo

mortero

mažiar

parrilla

gril

fogata

ohnisko

cocina - kuchyňa

tabla de picar

doska na krájanie

palo de amasar

valček na cesto

sacacorchos

vývrtka

lata

konzerva

abrelatas

otvárač na konzervy

manopla

chňapka

pileta

výlevka

cepillo

kefa

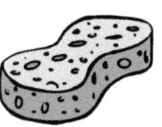

esponja

hubka

batidora

mixér

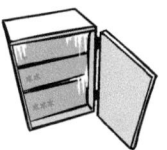

congelador

mraznička

mamadera

kojenecká fľaša

canilla

vodovodný kohútik

baño
kúpeľňa

calefacción
kúrenie

ducha
sprcha

toalla
uterák

cortina de ducha
sprchový záves

baño de espuma
pena do kúpeľa

bañadera
vaňa

vaso
pohár

lavarropas
práčka

canilla
vodovodný kohútik

baldosas
dlaždice

pelela
nočník

pileta
výlevka

inodoro

záchod

letrina

suchý záchod

bidé

bidet

mingitorio

pisoár

papel higiénico

toaletný papier

cepillo para el inodoro

záchodová kefa

cepillo de dientes

zubná kefka

dentífrico

zubná pasta

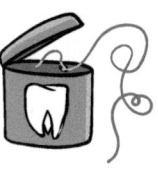

hilo dental

dentálna niť

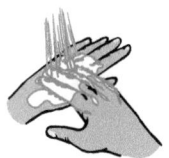

lavar

umývať

ducha de mano

ručná sprcha

ducha higiénica

sprcha pre intímnu hygienu

palangana

umývadlo

cepillo para espalda

kefa na chrbát

jabón

mydlo

gel de ducha

sprchový gél

shampoo

šampón

toallita

frotírová rukavica

desagüe

odtok

crema

krém

desodorante

dezodorant

espejo

zrkadlo

espejito

kozmetické zrkadlo

maquinita de afeitar

žiletka

espuma de afeitar

pena na holenie

aftershave

voda po holení

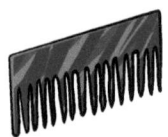

peine

hrebeň

cepillo

kefa

secador de pelo

sušič vlasov

spray

sprej na vlasy

maquillaje

make-up

lápiz de labios

rúž

esmalte para uñas

lak na nechty

algodón

vata

tijera para uñas

nožnice na nechty

perfume

parfum

portacosméticos

kozmetická taška

banqueta

stolček

balanza

váha

bata

kúpací plášť

guantes de goma

gumové rukavice

tampón

tampón

toallita femenina

menštruačná vložka

baño químico

chemické WC

cuarto de los chicos
detská izba

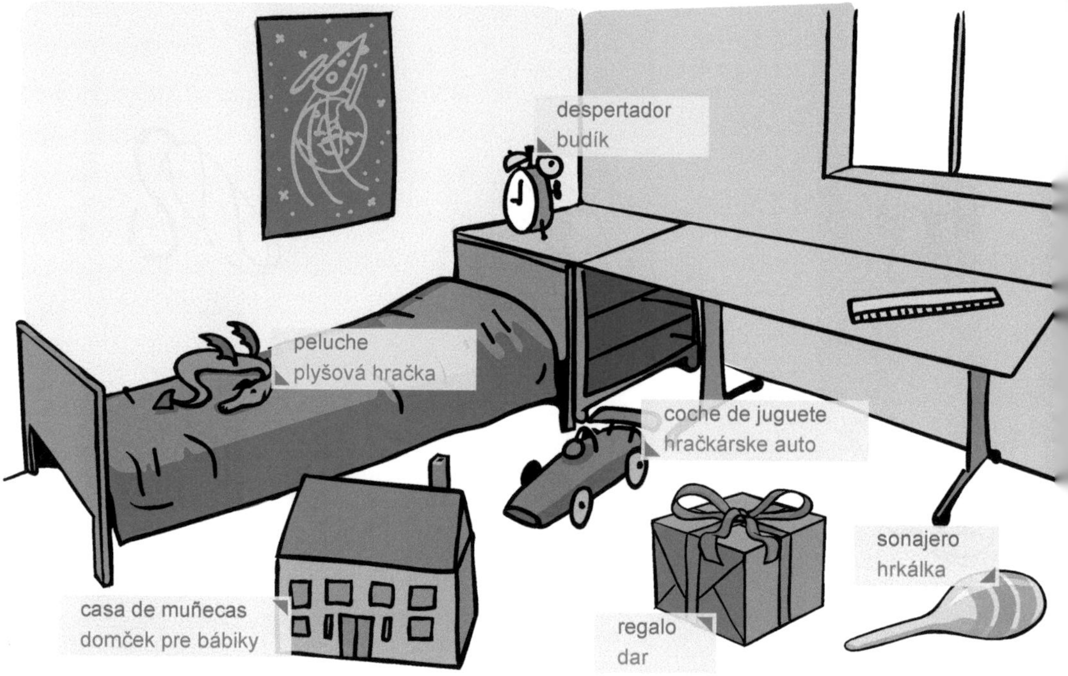

despertador
budík
peluche
plyšová hračka
coche de juguete
hračkárske auto
sonajero
hrkálka
casa de muñecas
domček pre bábiky
regalo
dar

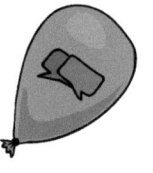

globo
balón

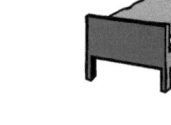

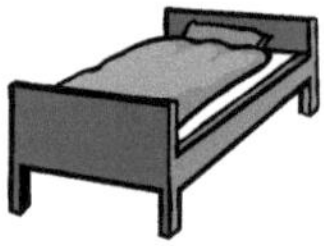

cama
posteľ

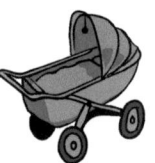

cochecito
detský kočík

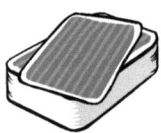

cartas
karty

rompecabezas
puzzle

SUPER MEGA

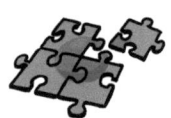

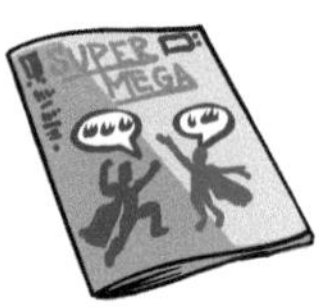

historieta
komix

piezas de lego
skladačka lego

ladrillos de juguete
stavebnica

figura de acción
akčná postavička

enterito (de bebé)
dupačky

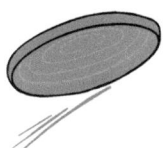

frisbee
lietajúci tanier

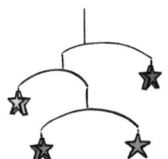

móvil para bebés
závesné hračky

juego de mesa
stolová hra

dados
kocka

tren eléctrico
modelový vláčik

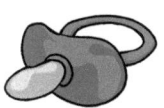

chupete
cumlík

fiesta
párty

libro de cuentos ilustrado

obrázková kniha

pelota
lopta

muñeca
bábika

jugar
hrať sa

arenero

pieskovisko

hamaca

hojdačka

juguetes

hračky

consola de videojuegos

hracia konzola

triciclo

trojkolka

osito de peluche

medvedík

armario

šatník

ropa

šatstvo

medias

ponožky

medias panty

pančuchy

calzas

pančuchové nohavičky

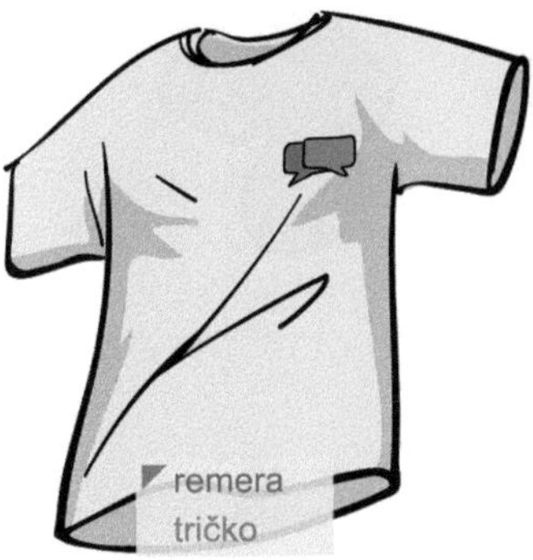

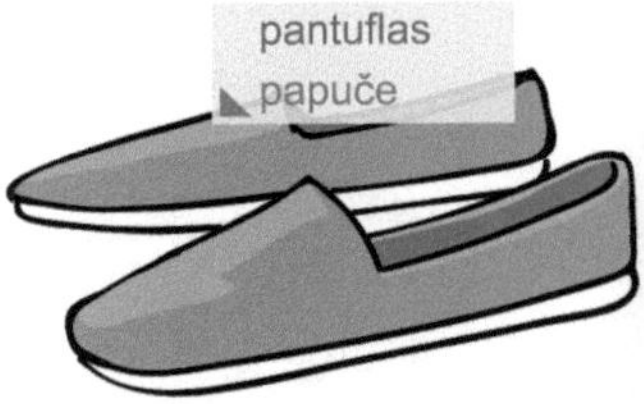

bufanda
šál

paraguas
dáždnik

remera
tričko

cinturón
opasok

botas
čižmy

pantuflas
papuče

zapatillas
tenisky

sandalias
....
sandále

zapatos
....
topánky

botas de goma
....
gumáky

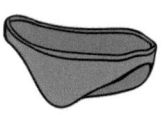

ropa interior
....
spodky

corpiño
....
podprsenka

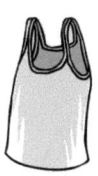

chaleco
....
tielko

body
body

pantalones
nohavice

jeans
džínsy

pollera
sukňa

blusa
blúzka

camisa
košeľa

pulóver
pulóver

buzo
sveter

blazer
blejzer

campera
bunda

tapado
kabát

piloto
pršiplášť

traje
kostým

vestido
šaty

vestido de novia
svadobné šaty

traje

oblek

camisón

nočná košeľa

pijama

pyžamo

sari

sari

pañuelo para cabeza

šatka na hlavu

turbante

turban

burka

burka

caftán

kaftan

abaya

abaja

traje de baño

dvojdielne plavky

short de baño

plavky

shorts

šortky

jogging

teplákova súprava

delantal

zástera

guantes

rukavice

botón

gombík

anteojos

okuliare

pulsera

náramok

collar

retiazka

anillo

prsteň

aro

náušnica

gorra

čiapka

percha

vešiak

sombrero

klobúk

corbata

kravata

cierre

zips

casco

prilba

tiradores

traky

uniforme escolar

školská uniforma

uniforme

uniforma

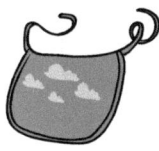

babero

podbradník

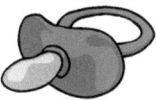

chupete

cumlík

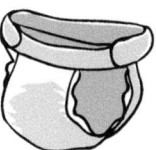

pañal

plienka

oficina
kancelária

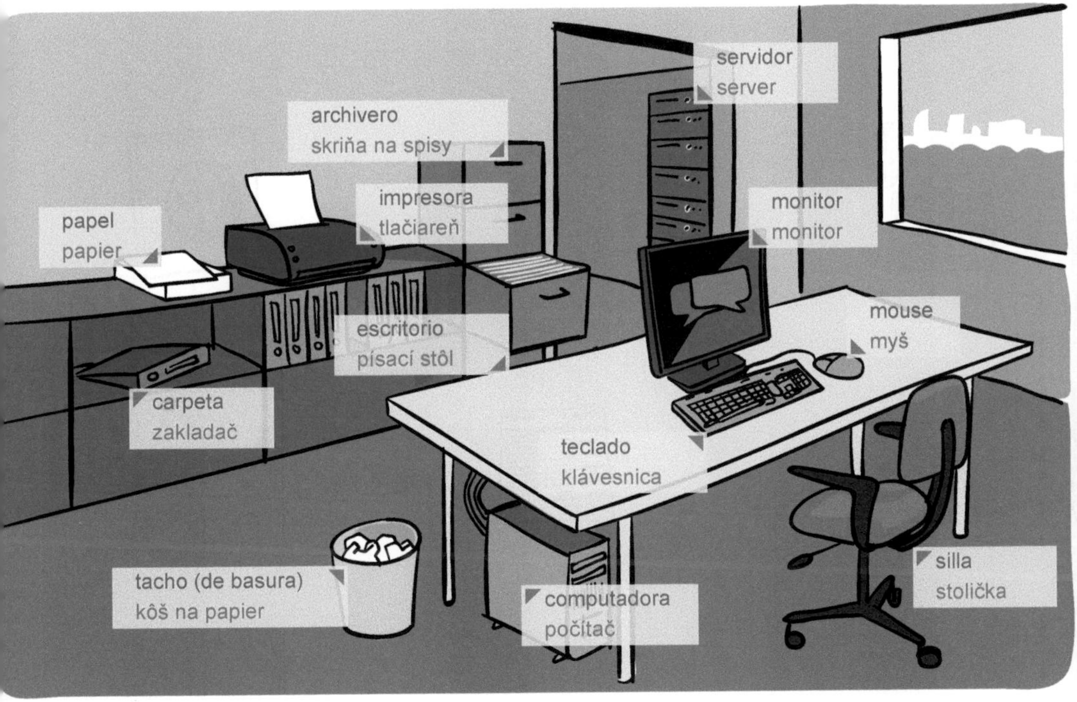
servidor
server
archivero
skriňa na spisy
impresora
tlačiareň
papel
papier
monitor
monitor
mouse
myš
escritorio
písací stôl
carpeta
zakladač
teclado
klávesnica
tacho (de basura)
kôš na papier
computadora
počítač
silla
stolička

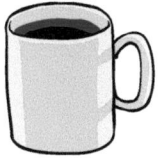

taza de café

hrnček na kávu

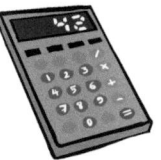

calculadora

kalkulačka

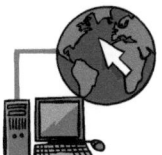

internet

internet

laptop

laptop

carta

list

mensaje

správa

celular

mobil

red

sieť

fotocopiadora

kopírka

software

softvér

teléfono

telefón

tomacorriente

elektrická zásuvka

fax

fax

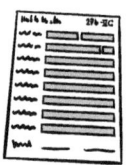

formulario

formulár

documento

doklad

comprar

kúpiť

pagar

platiť

hacer negocios

obchodovať

dinero

peniaze

 USD

dólar

dolár

 EUR

euro

euro

JPY

yen

jen

RUB

rublo

rubeľ

CHF

franco suizo

švajčiarsky frank

CNY

yuan

čínsky jüan

INR

rupia

rupia

cajero automático

bankomat

casa de cambio

zmenáreň

oro

zlato

plata

striebro

petróleo

ropa

energía

energia

precio

cena

contrato

zmluva

impuesto

daň

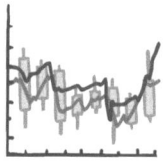

acción

akcia

trabajar

pracovať

empleado

zamestnanec

empleador

zamestnávateľ

fábrica

továreň

negocio

obchod

ocupaciones
povolania

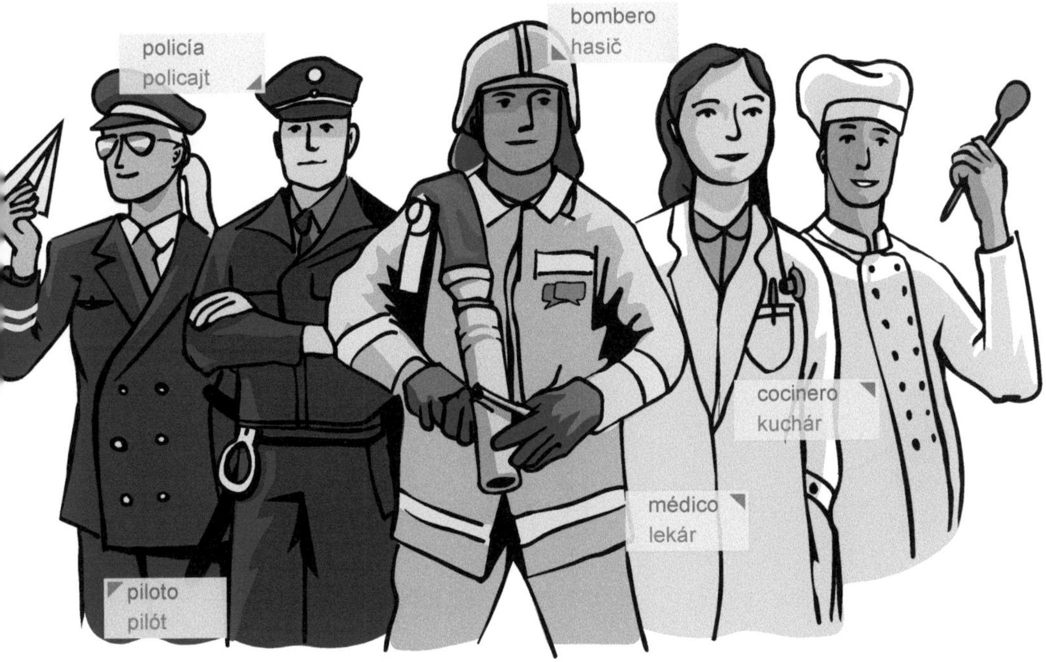
bombero
hasič
policía
policajt
cocinero
kuchár
médico
lekár
piloto
pilót

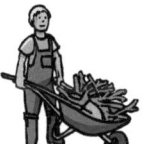

jardinero

záhradník

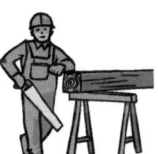

carpintero

stolár

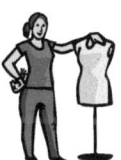

modista

krajčírka

juez

sudca

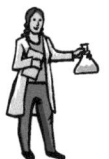

farmacéutico

chemik

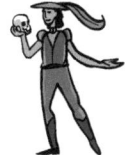

actor

herec

colectivero

vodič autobusu

taxista

taxikár

pescador

rybár

mucama

upratovačka

techista

pokrývač

mozo

čašník

cazador

poľovník

pintor

maliar

panadero

pekár

electricista

elektrikár

albañil

stavebný robotník

ingeniero

inžinier

carnicero

mäsiar

plomero

klampiar

cartero

poštár

soldado

vojak

arquitecto

architekt

cajero

pokladník

florista

kvetinár

peluquero

kaderník

cobrador

sprievodca

mecánico

mechanik

capitán

kapitán

dentista

zubár

científico

vedec

rabino

rabín

imán

imám

monje

mních

sacerdote

farár

herramientas
náradie

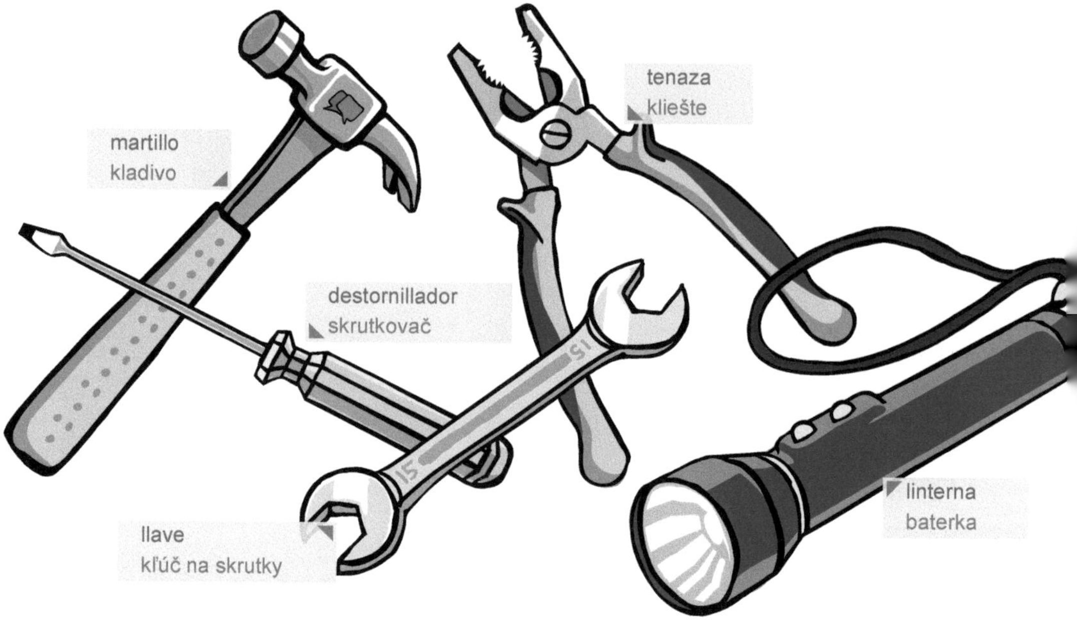
martillo
kladivo
tenaza
kliešte
destornillador
skrutkovač
llave
kľúč na skrutky
linterna
baterka

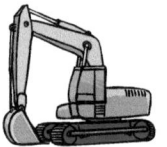

excavadora

bager

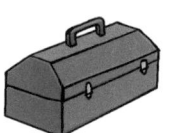

caja de herramientas

súprava náradia

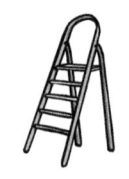

escalera portátil

rebrík

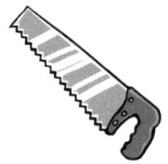

sierra

pílka

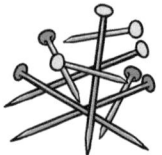

clavos

klince

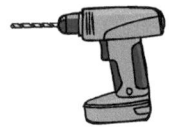

taladro

vrták

arreglar

opraviť

pala de jardín

lopata

¡Qué bronca!

Do čerta!

pala de plástico

lopatka na smeti

tacho de pintura

nádoba s farbou

tornillos

skrutky

instrumentos musicales
hudobné nástroje

parlante
reproduktor

batería
bicie

guitarra
gitara

contrabajo
kontrabas

trompeta
trúbka

piano

klavír

violín

husle

bajo

basa

timbales

tympany

tambor

bubon

teclado

klávesnica

saxofón

saxofón

flauta

flauta

micrófono

mikrofón

zoológico
ZOO

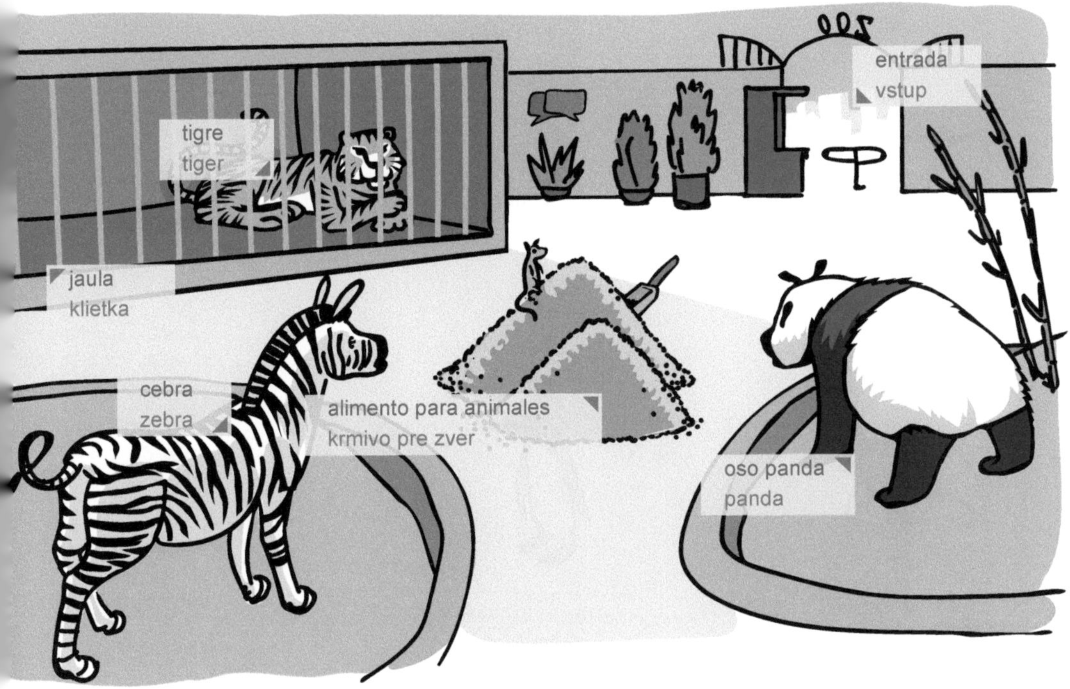
entrada
vstup
tigre
tiger
jaula
klietka
cebra
zebra
alimento para animales
krmivo pre zver
oso panda
panda

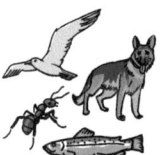

animales
zvieratá

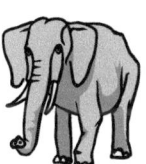

elefante
slon

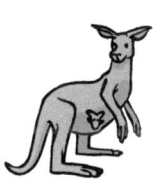

canguro
klokan

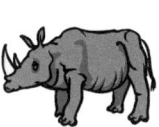

rinoceronte
nosorožec

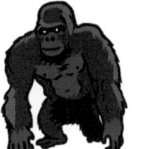

gorila
gorila

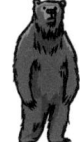

oso
medveď

camello

ťava

avestruz

pštros

león

lev

mono

opica

flamenco

plameniak

loro

papagáj

oso polar

ľadový medveď

pingüino

tučniak

tiburón

žralok

pavo real

páv

serpiente

had

cocodrilo

krokodíl

cuidador del zoológico

ošetrovateľ v ZOO

foca

tuleň

jaguar

jaguár

poni

poník

leopardo

leopard

hipopótamo

hroch

jirafa

žirafa

águila

orol

jabalí

diviak

pescado

ryba

tortuga

korytnačka

morsa

mrož

zorro

líška

gacela

gazela

fútbol americano
americký futbal

ciclismo
cyklistika

tenis
tenis

básquet
basketbal

natación
plávanie

boxeo
box

hockey sobre hielo
hokej

fútbol
futbal

bádminton
bedminton

atletismo
ľahká atletika

handball
hádzaná

esquí
lyžovanie

polo
pólo

actividades
aktivity

reír
smiať sa
saltar
skočiť
abrazar
objať
caminar
chodiť
cantar
spievať
soñar
snívať
rezar
modliť sa
besar
pobozkať

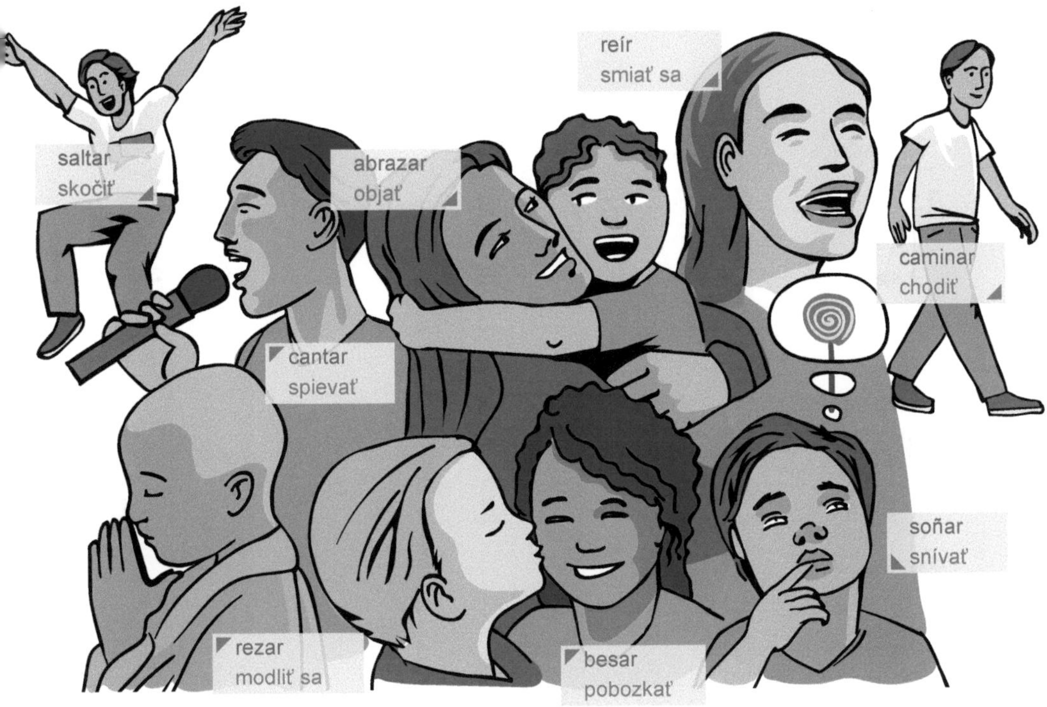

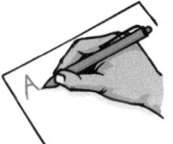

escribir
písať

dibujar
kresliť

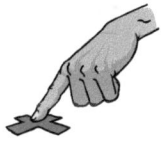

mostrar
ukázať

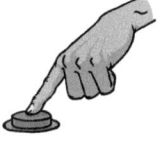

presionar
tlačiť

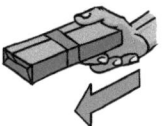

dar
dať

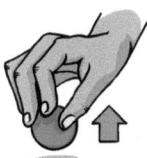

tomar
brať

tener
....
mať

hacer
....
robiť

ser
....
byť

estar parado
....
stáť

correr
....
bežať

tirar
....
ťahať

tirar
....
hádzať

caer
....
padnúť

estar acostado
....
ležať

esperar
....
čakať

llevar
....
nosiť

estar sentado
....
sedieť

vestirse
....
obliecť sa

dormir
....
spať

despertar
....
zobudiť sa

mirar

pozerať

llorar

plakať

acariciar

hladkať

peinar

česať

hablar

hovoriť

entender

rozumieť

preguntar

pýtať sa

escuchar

počuť

beber

piť

comer

jesť

ordenar

upratať

amar

milovať

cocinar

variť

manejar

jazdiť

volar

letieť

navegar

plachtiť

calcular

počítať

leer

čítať

aprender

učiť sa

trabajar

pracovať

casarse

oženiť

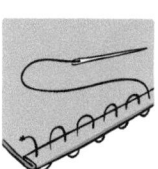

coser

šiť

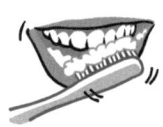

cepillarse los dientes

čistiť zuby

matar

zabiť

fumar

fajčiť

enviar

poslať

abuela
stará mama

abuelo
starý otec

padre
otec

madre
mama

bebé
bábo

hija
dcéra

hijo
syn

invitado

hosť

tía

teta

tío

strýko

hermano

brat

hermana

sestra

cuerpo
telo

frente
čelo
ojo
oko
hombro
plece
dedo
prst
cara
tvár
pera
brada
mano
ruka
pecho
hruď
pierna
noha
brazo
rameno

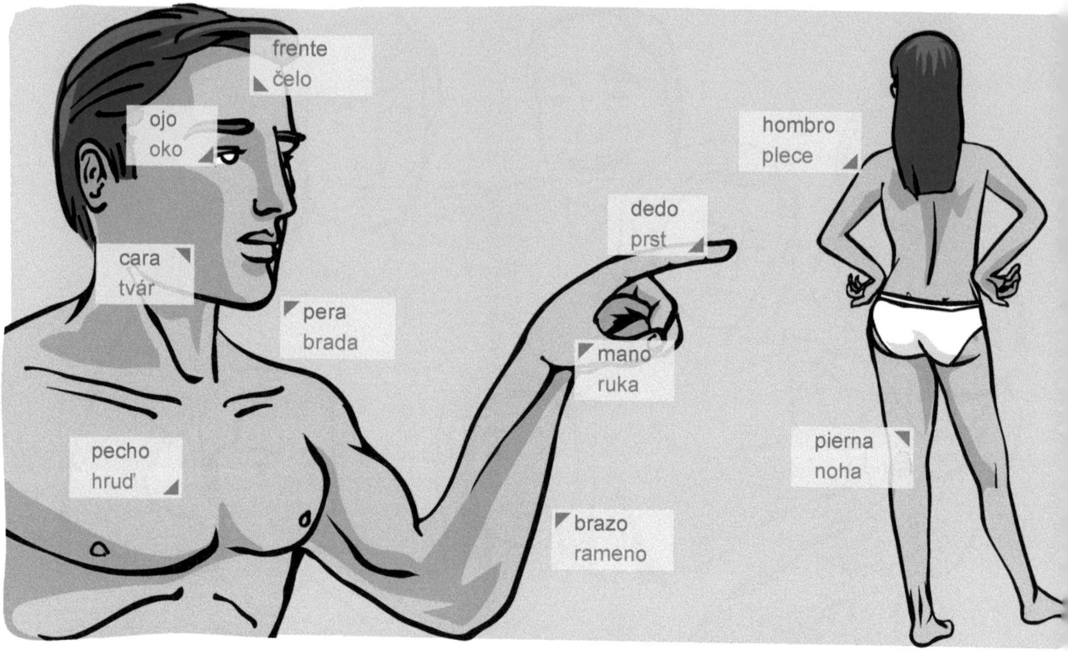

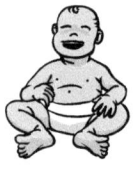

bebé
bábo

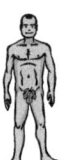

hombre
muž

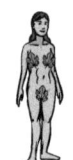

mujer
žena

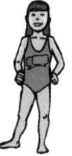

nena
dievča

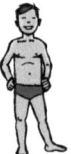

nene
chlapec

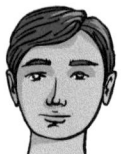

cabeza
hlava

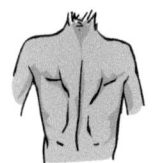

espalda

chrbát

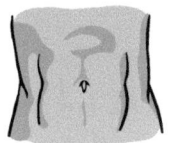

panza

brucho

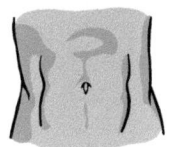

ombligo

pupok

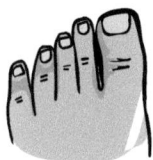

dedo del pie

prst na nohe

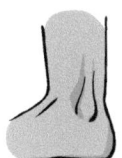

talón

päta

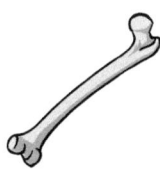

hueso

kosť

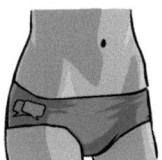

cadera

bok

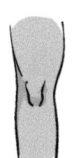

rodilla

koleno

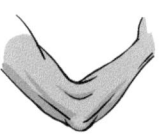

codo

lakeť

nariz

nos

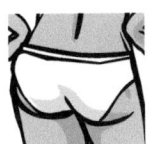

cola

zadok

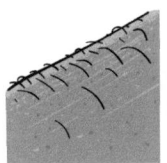

piel

koža

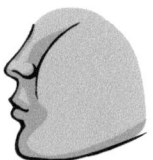

cachete

líce

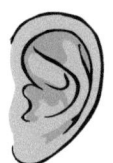

oreja

ucho

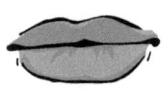

labio

pery

boca

ústa

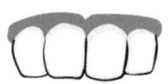

diente

zub

lengua

jazyk

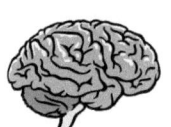

cerebro

mozog

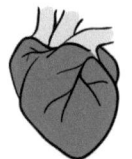

corazón

srdce

músculo

svaly

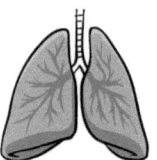

pulmón

pľúca

hígado

pečeň

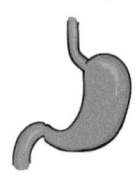

estómago

žalúdok

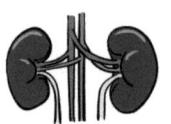

riñones

obličky

sexo

pohlavný styk

preservativo

kondóm

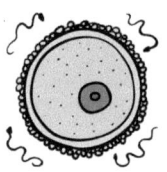

óvulo

vaječná bunka

semen

semeno

embarazo

tehotenstvo

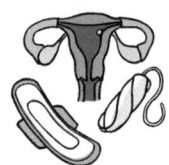

menstruación
....
menštruácia

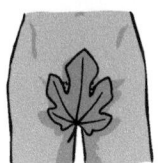

vagina
....
vagína

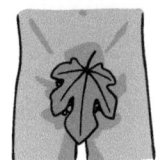

pene
....
penis

ceja
....
obočie

pelo
....
vlasy

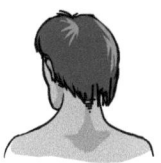

cuello
....
krk

hospital

nemocnica

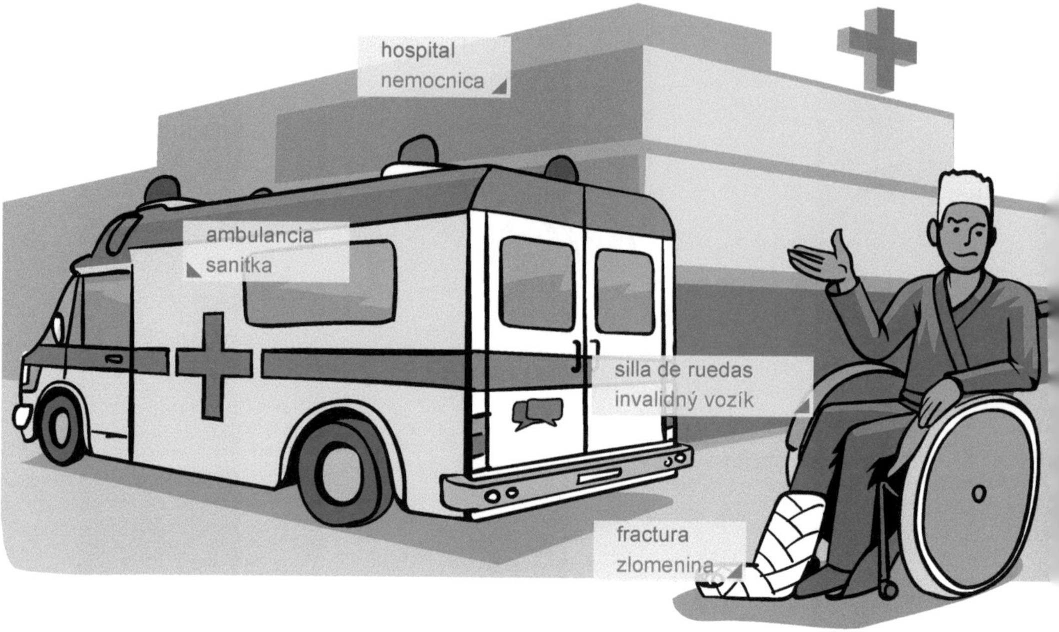

hospital
nemocnica

ambulancia
sanitka

silla de ruedas
invalidný vozík

fractura
zlomenina

médico

lekár

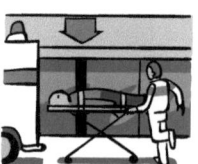

sala de guardia

urgentný príjem

enfermera

sestrička

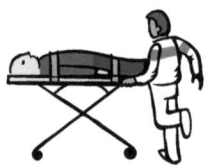

emergencia

urgentný prípad

inconsciente

v bezvedomí

dolor

bolesť

72

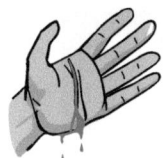

lesión
zranenie

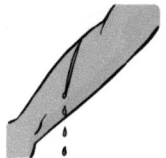

hemorragia
krvácanie

infarto
srdcový infarkt

ACV
mozgová porážka

alergia
alergia

tos
kašeľ

fiebre
teplota

gripe
chrípka

diarrea
hnačka

dolor de cabeza
bolesť hlavy

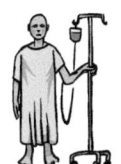

cáncer
rakovina

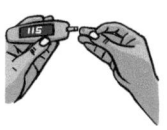

diabetes
cukrovka

cirujano
chirurg

bisturí
skalpel

operación
operácia

TC
....
CT

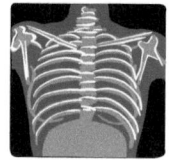

rayos x
....
RTG

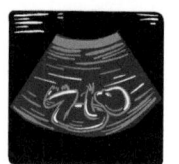

ecografía
....
ultrazvuk

barbijo
....
maska

enfermedad
....
choroba

sala de espera
....
čakáreň

muleta
....
barla

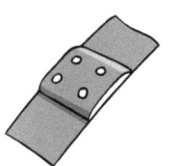

curita
....
náplasť

venda
....
obväz

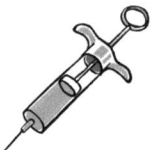

inyección
....
injekcia

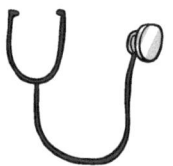

estetoscopio
....
fonendoskop

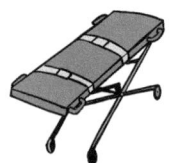

camilla
....
nosidlá

termómetro
....
teplomer

nacimiento
....
pôrod

sobrepeso
....
nadváha

hospital - nemocnica

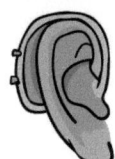

audífono

audiofón

desinfectante

dezinfekčný prostriedok

infección

infekcia

virus

vírus

VIH / SIDA

HIV / AIDS

remedio

medicína

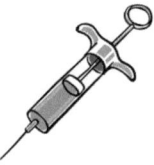

vacunación

očkovanie

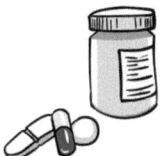

comprimidos

tabletky

pastilla anticonceptiva

antikoncepčná pilulka

llamada de emergencia

tiesňové volanie

tensiómetro

tlakomer

enfermo / sano

chorý / zdravý

¡Ayuda!

Pomoc!

alarma

alarm

agresión

prepad

ataque

útok

peligro

nebezpečenstvo

salida de emergencia

núdzový východ

¡Fuego!

Horí!

matafuego

hasičský prístroj

accidente

nehoda

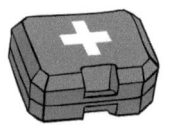

botiquín de primeros auxilios

kufrík prvej pomoci

SOS

SOS

policía

polícia

Europa

Európa

América del Norte

Severná Amerika

América del Sur

Južná Amerika

África

Afrika

Asia

Ázia

Australia

Austrália

Atlántico

Atlantický oceán

Pacífico

Tichý oceán

Océano Índico

Indický oceán

Océano Antártico

Južný oceán

Océano Ártico

Severný ľadový oceán

polo norte

Severný pól

polo sur

Južný pól

Antártida

Antarktída

Tierra

Zem

tierra

krajina

mar

more

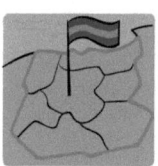

isla

ostrov

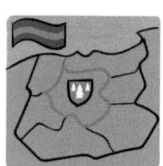

nación

národ

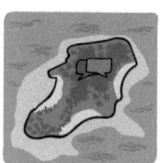

estado

štát

esfera

ciferník

manecilla de las horas

hodinová ručička

minutero

minútová ručička

segundero

sekundová ručička

¿Qué hora es?

Koľko je hodín?

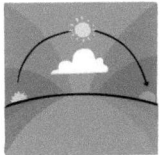

día

deň

hora

čas

ahora

teraz

reloj digital

digitálne hodiny

minuto

minúta

hora

hodina

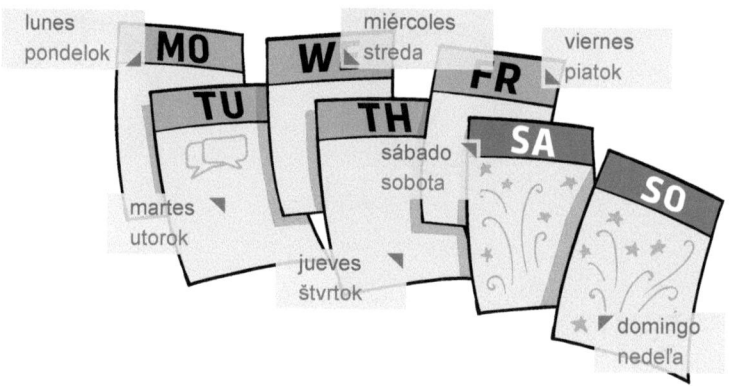

lunes
pondelok

miércoles
streda

viernes
piatok

martes
utorok

sábado
sobota

jueves
štvrtok

domingo
nedeľa

ayer
....
včera

hoy
....
dnes

mañana
....
zajtra

mañana
....
ráno

mediodía
....
poludnie

tarde
....
večer

MO	TU	WE	TH	FR	SA	SU
1	2	3	4	5	6	7
8	9	10	11	12	13	14
15	16	17	18	19	20	21
22	23	24	25	26	27	28
29	30	31	1	2	3	4

días hábiles
....
pracovné dni

MO	TU	WE	TH	FR	SA	SU
1	2	3	4	5	6	7
8	9	10	11	12	13	14
15	16	17	18	19	20	21
22	23	24	25	26	27	28
29	30	31	1	2	3	4

fin de semana
....
víkend

año

rok

lluvia
dážď
arco iris
dúha
viento
vietor
nieve
sneh
primavera
jar
verano
leto
otoño
jeseň
invierno
zima

4.APRIL 11°
5.APRIL 4°
6.APRIL 13°
7.APRIL 8°
8.APRIL 10°

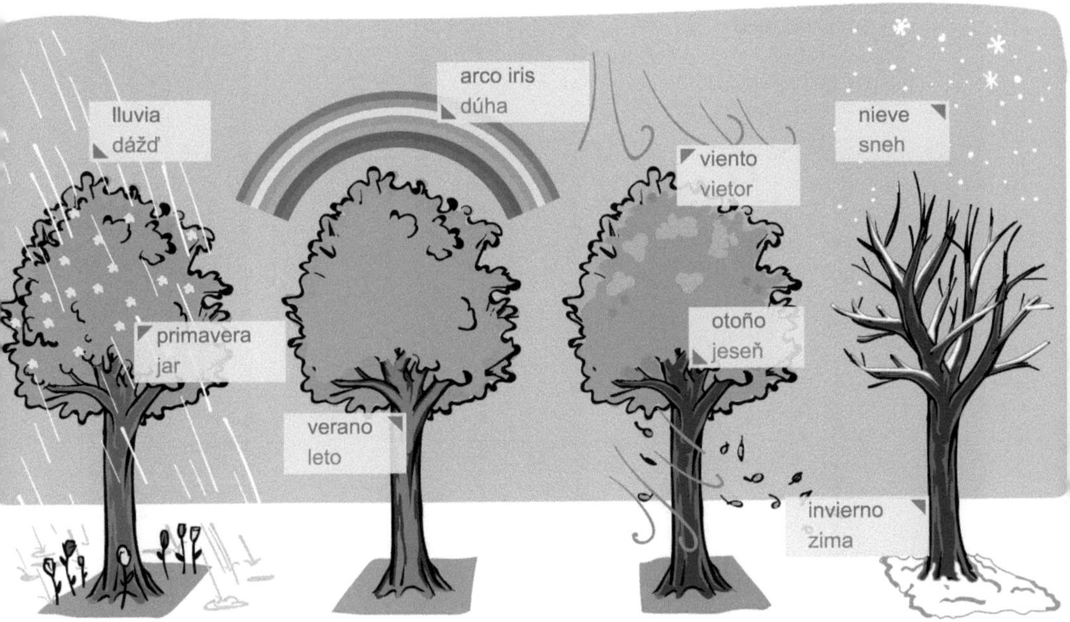

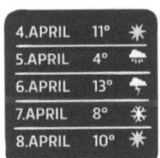

pronóstico meteorológico

predpoveď počasia

F C
120 40
90 30
60 20
30 10
0 0
-30 -10
-20

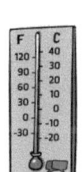

termómetro

teplomer

luz del sol

slnečný svit

nube

oblak

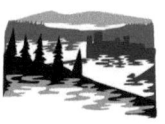

niebla

hmla

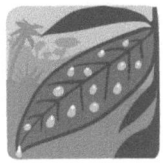

humedad

vlhkosť vzduchu

rayo

blesk

trueno

hrom

tormenta

búrka

granizo

krúpy

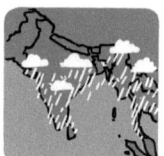

monzón

monzún

inundación

záplava

hielo

ľad

enero

január

febrero

február

marzo

marec

abril

apríl

mayo

máj

junio

jún

julio

júl

agosto

august

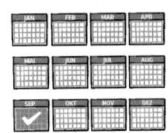

septiembre

september

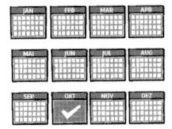

octubre

október

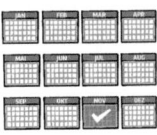

noviembre

november

diciembre

december

formas

tvary

círculo

kruh

cuadrado

štvorec

rectángulo

obdĺžnik

triángulo

trojuholník

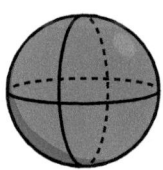

esfera

guľa

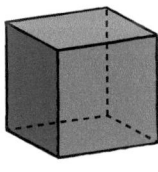

cubo

kocka

colores
farby

blanco
....
biela

amarillo
....
žltá

naranja
....
oranžová

rosa
....
ružová

rojo
....
červená

violeta
....
fialová

azul
....
modrá

verde
....
zelená

marrón
....
hnedá

gris
....
šedá

negro
....
čierna

mucho / poco

veľa / málo

enojado / tranquilo

zúrivý / pokojný

lindo / feo

pekný / škaredý

principio / fin

začiatok / koniec

grande / chico

veľký / malý

claro / oscuro

svetlý / tmavý

hermano / hermana

brat / sestra

limpio / sucio

čistý / špinavý

completo / incompleto

úplný / neúplný

día / noche

deň / noc

muerto / vivo

mŕtvy / živý

ancho / angosto

široký / úzky

comestible / no comestible

chutný / nechutný

malo / amable

zlostný / láskavý

entusiasmado / aburrido

vzrušený / unudený

gordo / flaco

tlstý / chudý

primero / último

prvý / posledný

amigo / enemigo

priateľ / nepriateľ

lleno / vacío

plný / prázdny

duro / blando

tvrdý / mäkký

pesado / liviano

ťažký / ľahký

hambre / sed

hlad / smäd

enfermo / sano

chorý / zdravý

ilegal / legal

nelegálny / legálny

inteligente / estúpido

inteligentný / hlúpy

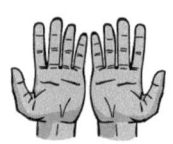

izquierda / derecha

vľavo / vpravo

cerca / lejos

blízko / ďaleko

nuevo / usado

nový / použitý

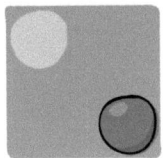

nada / algo

nič / niečo

viejo / joven

starý / mladý

encendido / apagado

zapnuté / vypnuté

abierto / cerrado

otvorené / zatvorené

silencioso / ruidoso

tichý / hlasný

rico / pobre

bohatý / chudobný

correcto / incorrecto

správne / nesprávne

áspero / suave

drsný / hladký

triste / contento

smutný / šťastný

corto / largo

krátky / dlhý

lento / rápido

pomaly / rýchlo

mojado / seco

mokrý / suchý

caliente / frío

teplý / studený

guerra / paz

vojna / mier

opuestos - protiklady

0

cero

nula

1

uno

jeden

2

dos

dva

3

tres

tri

4

cuatro

štyri

5

cinco

päť

6

seis

šesť

7

siete

sedem

8

ocho

osem

9

nueve

deväť

10

diez

desať

11

once

jedenásť

12

doce

dvanásť

13

trece

trinásť

14

catorce

štrnásť

15

quince

pätnásť

16

dieciséis

šestnásť

17

diecisiete

sedemnásť

18

dieciocho

osemnásť

19

diecinueve

devätnásť

20

veinte

dvadsať

100

cien

sto

1.000

mil

tisíc

1.000.000

millón

milión

inglés

angličtina

inglés americano

americká angličtina

chino mandarín

mandarínska čínština

hindi

hindčina

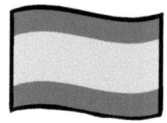

español

španielčina

francés

francúzština

árabe

arabčina

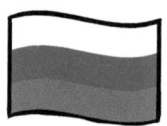

ruso

ruština

portugués

portugalčina

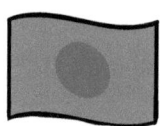

bengalí

bengálčina

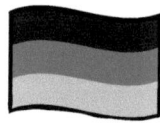

alemán

nemčina

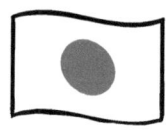

japonés

japončina

yo
ja

vos
ty

él / ella
on/ona/ono

nosotros
my

ustedes
vy

ellos
oni

¿quién?
kto?

¿qué?
čo?

¿cómo?
ako?

¿dónde?
kde?

¿cuándo?
kedy?

nombre
meno

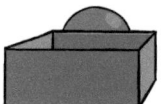

detrás

za

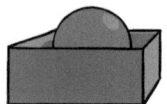

en

v

adelante de

pred

por encima de

nad

sobre

na

debajo de

pod

al lado de

vedľa

entre

medzi

lugar

miesto